ESSAI

SUR LA SITUATION POLITIQUE

DE L'EUROPE,

SUIVI

D'OBSERVATIONS ET ANECDOTES

SUR

LE GÉNÉRAL DUMOURIEZ

ET SUR SES MÉMOIRES.

EN FRANCE,

Et se trouve à Paris,

Chez
{
AUBRY, rue Baillet, n°. 2.
CRETTÉ, passage Moliere.
JOHANNEAU, palais Égalité, près le Licée.
LUCET, directeur du bulletin de littérature, rue Montmartre.

AN IVe. DE LA RÉPUBLIQUE.

ESSAI

SUR LA SITUATION POLITIQUE

DE L'EUROPE.

L'ENTHOUSIASME qui combattit et détruisit
bientôt en France l'autorité royale, devoit répandre en Europe des principes inquiétans pour toutes
les têtes couronnées. Mais les allarmes firent bientôt place à l'ambition; et si les plus foibles d'entre
ces princes, comme le palatin, les électeurs ecclé-
siastiques, et peut-être les rois d'Espagne et de
Sardaigne, n'ont été inspirés d'abord que par le
motif de leur conservation; les plus puissans n'en
ont fait qu'un prétexte à l'espérance de s'agrandir,
qu'ils ont communiquée ensuite à plusieurs autres.

L'Angleterre y vit l'occasion d'entreprendre sur
notre marine notre commerce et nos colonies;
l'Empereur celle de rentrer dans l'Alsace et la
Lorraine; le roi de Prusse et la Russie, la facilité
de completter le partage de la Pologne entre eux
et l'Empereur. Nous parlerons dans la suite de
l'intérêt particulier des Autrichiens et des Russes
à ce démembrement, et des desseins bien plus
étendus dont il n'étoit que le préalable. On flatta
le roi de Sardaigne de l'acquisition du Lyonnois

et du Dauphiné ; l'Espagne de celle du Béarn, de la basse Navarre, du Roussillon et d'une partie du Languedoc.

Mais déjà l'Espagne, envahie à son tour, a été forcée de nous demander la paix, et le roi de Prusse s'est retiré sagement d'une coalition dont l'avantage ultérieur ne pouvoit être que pour Catherine et l'Empereur, ses alliés de circonstance et ses ennemis essentiels. Mais pour donner à cette assertion le développement nécessaire, il est convenable de reprendre de plus haut la situation respective de la Pologne et de la Prusse, à côté des agrandissémens de la Russie.

Au commencement de ce siècle, lorsque les Moscovites sortoient de la barbarie à l'exemple et à la voix de Pierre le Grand, il étoit difficile de prévoir le rôle prochain que cette création nouvelle leur préparoit dans les transactions les plus importantes de l'Europe. Si quelques esprits clair-voyans ne tardèrent pas à s'en appercevoir, leurs avertissemens ne trouvèrent pas plus de foi que ceux de Cassandre ; et Petersbourg paroissoit trop éloigné sur la carte du Nord pour faire craindre au Midi le danger de son influence.

En effet, si l'inflexible Charles XII, après avoir vengé son parent le duc Holstein de l'injustice des Danois, s'étoit reconcilié sincérement avec

eux pour opposer l'union du Dannemarck et de
la Suéde à l'ambition de Pierre Ier. ; si , con-
tent d'avoir vaincu ce puissant rival, et contraint
le Saxon sa créature de céder le trône de Pologne
à Stanislas, il ne se fût pas obstiné à la continua-
tion d'une guerre sans objet , et qu'au lieu d'aller
perdre en Ukraine sa réputation et son armée, il
fût retourné à Stockholm pour cultiver à l'ombre
de la paix le fruit de ses brillantes victoires :
Charles, en affermissant ses états par une adminis-
tration sage et paternelle, pouvoit assurer l'équilibre du Nord et ôter pour long-temps aux Russes
la tentation de le troubler. L'anéantissement de
ses forces , la dépopulation de la Suéde, sa fuite
en Turquie , suites funestes de l'imprudence de
ses démarches, abandonnèrent la Suéde et le
Nord à toutes les entreprises de l'ennemi. La
Suéde se vit morcelée dans la Finlande , privée
pour jamais de la Livonie qui la nourrissoit, en
proie aux factions intérieures fomentées par la
Russie, obligée dans la suite à recevoir un roi
d'elle, et toujours subordonnée aux intrigues des
cabinets de Londres et de Petersbourg, jusqu'à la
révolution de 1772, opérée par le génie de Gus-
tave III.

Quelques années auparavant l'union possible de
la Pologne et de la Prusse, telle que nous allons
l'expliquer , eut suffi pour déconcerter les plans
de la Russie. L'occasion s'en présentoit à la mort

d'Auguste , roi de Pologne, troisième du nom. L'électeur de Saxe son fils déclina le sceptre que lui offrirent les Polonois , et préféra sagement la paisible possession de ses états héréditaires, à un titre plus brillant qui l'auroit infailliblement compromise. C'étoit alors que la France devoit offrir nettement cette couronne à Frédéric le Grand , en tenant cent mille hommes prêts à le soutenir en Allemagne ; soixante mille à portée de l'Italie pour obliger l'Empereur d'y envoyer une partie de ses troupes , et une forte escadre dans la Baltique jointe aux flottes Suédoises et Danoises, pour occuper la Russie par la crainte d'une diversion.

On pense que la condition de catholicité eut été aisément levée par l'engagement que le roi de Prusse auroit pris avec les Polonois de ne rien innover en matière religieuse , et de ne faire lui-même aucun acte du rit calviniste , lorsqu'il se trouveroit en Pologne ; promesse d'autant moins suspecte de sa part , que l'on connoissoit son indifférence pour toutes les religions , et qu'à Berlin même, il ne paroissoit jamais à l'église, si ce n'est à l'occasion de quelques victoires , pour assister au *Tedeum.*

Mais enfin si le clergé de Pologne et les Magnats avoient insisté sur l'abjuration de Frédéric, incompatible avec la confiance et la primauté des protestans d'Allemagne , qu'il lui importoit de conserver, il falloit en ce cas lui proposer la couronne pour le prince Henri, son frère, qui auroit été sans conséquence tout autant catholique qu'on auroit voulu. Les Polonois, de tout temps idolâtres de la vertu guerrière, l'eussent accepté avec enthousiasme, certains de sécouer enfin la dépendance de deux cours Impériales, sous un si grand homme soutenu des armées invincibles de son frère ; et des vœux de tant d'autres princes intéressés à leur affranchissement.

La Pologne n'eût pas été contrainte à recevoir de la main de Catherine un fantôme couronné , incapable de rien disputer à son ambition , ou disposé à lui accorder tout; autrefois barrière pour l'Allemagne contre les Turcs, elle devenoit barrière pour eux contre les entreprises futures des deux puissances ; l'empire Ottoman dont la consistance et l'intégralité sont liés à l'équilibre de l'Europe, n'eut pas été en proie aux armes de la Russie ; on n'eût pas vu une flotte partie de la Baltique franchir le détroit de Gibraltar, ravager l'Archipel, brûler les vaisseaux du Grand seigneur sur les côtes de l'Asie mineure, ménacer les Dardanelles et jetter la terreur jusque dans Constantinople ; la mer noire ne verroit pas des escadres ennemies dans les ports de la Crimée; la Pologne enfin, dont le malheureux partage vient de se consommer, n'auroit pas même éprouvé son premier démembrement. C'est à ce funeste essai que la France devoit s'op poser de tout son pouvoir, et la misérable diversion qu'elle y employa fut plus honteuse pour elle que n'eût été une inaction totale, malgré la gloire inutile des hommes valeureux qu'elle sacrifia dans cette occasion. Le premier partage s'opéra ; Frédéric ne pouvoit mieux faire alors que d'y participer, et l'Europe ne fut pas fachée que sa portion balançat au moins la part respective de chacune des deux autres cours. Celle que son successeur vient d'obtenir dans le partage final, n'est pas moins intéressante sous ce point de vue ; la Silésie d'une part, la Prusse et le Brandebourg de l'autre, y acquièrent plus de consistance et d'ensemble, sur-tout s'étant ménagé précédemment la possession de Dantzik où il peut fonder une quatrième puissance maritime de la Baltique, tandis que de ses autres ports il n'eût été que le spectateur impuissant des trois autres. L'intérêt de ces acquisitions nouvelles explique assez la paix avec la République, et le rappel de son armée autour de lui.

Mais le roi de Prusse ne peut pas se dissimuler que sa condescendance aux usurpations futures de l'Autriche et de la Russie, fût-elle achetée par l'abandon de quelques états en Allemagne, ne le mettroit pas à l'abri de la jalousie conspiratrice de ces deux puissances. L'acquisition de la Bavière et du Haut-Palatinat convoitée par l'Empereur, ne le guériroit pas de ses regrets sur la Silésie, et les Russes oublieront difficilement qu'ils n'ont consenti qu'après coup et malgré eux, à l'occupation de Dantzik.

Au reste il est permis de leur soupçonner des vues d'une plus grande importance. On sait que l'objet chéri de Catherine n'est pas moins que de renvoyer les Ottomans au-delà du Bosphore, et de recommencer à Constantinople l'empire grec. Mais pour ne pas trop allarmer l'Europe par la cumulation de deux couronnes Impériales, elle se contenteroit de placer celle d'Orient sur la tête du second de ses petits-fils ; et c'est principalement dans cette vue qu'elle l'a décoré du nom de Constantin cher aux grecs nombreux de cet empire, pour leur montrer d'avance dans cette identité de nom, le successeur de leurs anciens Paléologues. La conformité de religion, l'impatience du joug musulman, je ne sais quelles traditions prophétiques ; tout les dispose à recevoir un libérateur qu'ils attendent de la Russie. Le peuple Turc même imbu de ces prédictions vagues, en redoute l'accomplissement. L'Angleterre auroit sans doute un grand intérêt à y concourir : le prix de son assistance seroit sa substitution aux avantages et aux privilèges de notre commerce du Levant, dont elle est si jalouse, et un établissement dans l'Archipel où elle fut à portée de troubler notre navigation, et de primer dans toutes ces mers.

Les Autrichiens croiroient ne pas trouver moins d'avantage à favoriser les desseins de Catherine.

Pendant que son armée libre désormais de toute opposition de la Pologne , s'avanceroit par la Valaquie dans les provinces qui mènent à Constantinople , l'Empereur soumettroit Belgrade et la Servie , la Dalmatie avec Raguse , l'Albanie et toute cette côte jusqu'à l'entrée de la mer Adriatique : il n'auroit laissé qu'un corps d'observation vis-à-vis des Vénitiens ; et revenant ensuite sur Vénise même , un mois de campagne lui suffiroit pour la réduire ; maître des vaisseaux, des magasins et des arsenaux de la République , il se verroit tout d'un coup possesseur d'une marine imposante dont Trieste et Raguse seroient les ports secondaires , et que rien ne l'empêcheroit d'augmenter : Corfou , Céfalénie , Zante ; toutes ces possessions vénitiennes tomberoient de suite dans le lot de l'Empereur.

Peut-être n'est-ce encore là que la moitié de ses espérances ; qui sait si la politique Russe en méditant pour elle-même la conquête de l'empire d'Orient , ne l'a pas flatté de relever pour lui dans Rome , l'empire Occidental, de réduire le pape dépouillé à la fonction de Père des fidèles , de réunir au Milanois au moins tout ce que le souverain du Piémont s'en est fait ceder successivement, et de réaliser sur Gênes , Naples et Turin , cette gênante féodalité qui n'étoit plus depuis long-temps qu'une vaine prétention des Empereurs d'Allemagne.

On traitera si l'on veut tous ces projets de visions ; l'ambition pour être visionnaire, n'en est ni moins active ni moins entreprenante , et il n'est pas aussi prudent de l'attendre que de la prévenir. Nous ne pouvons pas révoquer en doute celle de la Russie, de l'Autriche et de l'Angleterre : l'alliance intime et mystérieuse qu'elles viennent de contracter, décèle des desseins quelconques qui ne peuvent qu'être à leur avantage particulier, ce qui équivaut au détriment *de tout le reste* ; c'est *à tout le reste* de se précautionner et de s'unir : les ressources ne manqueront pas, si l'on sait les mettre en usage.

La France , l'Espagne , le Portugal , Naples et Venise , peuvent opposer des forces au moins repressives, à la marine des Anglais ; et la Hollande y ajouteroit de grands moyens, si le Cap de Bonne-Espérance, avec ce qu'elle peut encore avoir perdu dans l'Inde , lui étoit rendu sans le Stathouder , espion entretenu par l'Angleterre, dans les Provinces-Unies, agent dangereux occupé sans cesse à lui sacrifier l'existence politique et commerciale à laquelle la nature les a appelées.

Si la France est le centre naturel de la ligue maritime , la position territoriale du roi de Prusse, le nerf et la réputation de son armée, l'intérêt immédiat de sa conservation , le constituent centre et principal contractant de la ligue continentale dont la France seroit le premier auxiliaire. Il n'est

pas nécessaire de prouver à la Suéde et au Dannemarck combien ils doivent se garder de la Russie,
ni aux princes d'Allemagne, aux Saxons, sur-tout
aux Bavarrois, ce qu'ils ont à craindre de l'Empereur.

Ce n'est pas le tocsin de guerre que nous son-
nons : puisse le ciel en préserver long-temps
l'Europe épuisée, et lui rendre promptement une
paix durable, dont le besoin est universel ! Une com-
paraison expliquera cette pensée. Les Hollandais
continuellement exposés aux incursions de l'Océan,
ne lui déclarent pas la guerre, et ne cherchent
pas vainement à reconquérir ce qu'ils ont perdu.
Seulement, ils veulent ne plus perdre ; et d'épaisses
digues que leur vigilance fortifie sans cesse, assurent
leur pays contre de futures inondations. Imitons-les,
fortifions nos digues, et sachons les rendre insurmon-
tables. Les événemens nous ont trop instruits, pour
ne pas sentir qu'il est essentiel et pressant pour
tous les états Européens autres que l'Angleterre,
l'Autriche et la Russie, de se lier fortement ensemble et fortement avec l'empire Turc, pour ne
pas être brisés ou froissés les uns après les autres
par ce colosse tricéphale qui ménace de les écraser
tous.

Nivôse, an IVe. de la République française.

(*Janvier 1795*, vieux style.)

OBSERVATIONS (*)

ET

ANECDOTES

SUR

LE GÉNÉRAL DUMOURIEZ

ET SUR SES MÉMOIRES.

22 Frimaire, an 4ᵉᵐᵉ., (13 Décembre 1795.)

QUAND on n'a point eu de querelle ni de liaisons avec Dumouriez, quand on n'a été ni son ami ni son rival, il est plus aisé de l'apprécier sans prévention d'après ce qu'il a écrit, ce qu'il a fait, et ce qu'on sait de lui. Je ne serai que son historien, ce n'est point son acte d'accusation que j'écris, et je ne me chargerois pas de son apologie.

Dumouriez, né avec de l'esprit et du courage, capable de méditation, mais plus porté à l'action

---

(*) Ces observations sont un peu tardives, mais les mémoires de Dumouriez ne me son parvenus que depuis huit jours.

B 2

par l'inquiétude de son caractère, montra de bonne heure l'impatience et les moyens de franchir la sphère où la nature l'avoit placé. Sa noblesse n'étoit pas de celles qui perçoient en France ; il y suppléa par l'étude et par la valeur. Sa jeunesse fut brillante. Colonel en 1769, le duc de Choiseul l'employa dans la diversion de Pologne, qui n'échoua pas tant par la faute des Polonais, ainsi que Dumouriez le prétend, que par l'insuffisance des moyens que nous y destinâmes. Il auroit fallu pour l'appuyer une flotte dans la Baltique, une armée en Allemagne, et une autre en Italie : Choiseul le sentoit bien, mais ces mesures n'étoient plus proposables à Louis XV, qui sacrifioit désormais à la tranquillité de ses jouissances la dignité de sa couronne, et les intérêts de l'avenir.

La mission de Dumouriez en Suéde n'étoit qu'une branche de l'intrigue diplomatique du comte de Broglie, ignorée des ministres. Broglie, disgracié depuis par son confident Louis XV pour appaiser la jalousie du duc d'Aiguillon, entraîna dans sa chute les agens secrets qu'il employoit, entre autres Dumouriez lui-même, et ce Favier, si connu par son esprit et ses talens politiques, auquel il ne manqua qu'un nom et du crédit pour être porté avec succès au ministère ou à l'ambassade.

Dumouriez fut en effet très-utile à Cherbourg ; et dans la visite qu'y fit Louis XVI, il en fut fort bien traité ; ce qui ne l'empêcha pas de seconder vivement dans ces cantons, la révolution de 1789 dès son principe. Il en fut de très-bonne foi l'apôtre jusqu'en 1792. C'est ce dont les Nantais furent témoins en 1791, lorsqu'il commandoit, non pas en chef depuis Nantes jusqu'à Bordeaux, comme on pourroit le conclure de ce qu'il dit dans la lettre à la fin de ses mémoires, mais aux ordres du lieutenant général Verteuil qui commandoit effectivement dans toute cette partie, et qui avoit sous lui Dumouriez, dans celle de Nantes, et des côtes du Poitou. A Nantes, au mois de Juin 1791, en présence des autorités constituées réunies, il déposa vivement sa croix de St.-Louis sur le bureau, en protestant qu'il ne vouloit la tenir désormais que de la nation. Il s'avoit bien qu'on la lui rendroit sur-le-champ, et il substitua le ruban tricolor à celui de l'ordre. Sans doute il ne présumoit pas alors ses liaisons futures avec Louis XVI.

Porté en 1792 au ministère par des circonstances imprévues, *toujours constitutionnel*, mais avec des nuances moins tranchantes, il tacha de se ménager aux Jacobins par quelques démonstrations, et *aux Tuilleries* par quelques bons offices. C'étoit assez pour Louis XVI, trop peu pour Marie-Antoinette et ses confidens qui exigeoient de lui plus qu'il ne vouloit faire, dans le chimérique espoir d'un rétablissement absolu, dont ils se dissimuloient l'impossibilité.

La Fayette y avoit échoué, Dumouriez se flatta d'être plus habile ou plus heureux ; ce fût sa première erreur. Il crût se mettre plus à l'aise en s'éloignant du foyer des deux factions qui méditoient réciproquement leur ruine entière ; il espéra que la guerre et des succès lui acquerroient assez d'ascendant sur l'armée pour les dominer toutes les deux, et modéler le gouvernement à sa manière : il se trompa encore, pour n'avoir pas assez médité les progrès croissans de la coalition républicaine, et la chute inévitable du parti chancelant qui la balançoit. Celui-ci n'étoit plus, lorsque Dumouriez délivra la Champagne de l'invasion prussienne. Les Jacobins qui profitèrent de ce succès National, n'en devinrent que plus jaloux du général qu'il illustroit ; Ils lui reprochoient déjà sa conduite mi-partie, et l'expulsion des trois ministres ; ils l'entourèrent de surveillans intéressés à sa décadence. Dumouriez ne l'ignoroit pas, et les couleurs sous lesquelles il peint la plupart de ses généraux subordonnés, prouvent assez qu'il ne pouvoit leur accorder aucune confiance. Comment donc se seroit-il flatté de se garantir des mauvais succès ou de prévenir la calomnie ? Comme César, il comptoit sur sa fortune et sur l'affection de ses troupes ; mais César en commençant la guerre des Gaules n'avoit point encore de factions à combattre ; et lorsqu'elles éclatèrent, il avoit gagné l'estime et l'amitié de ses soldats par neuf campagnes glorieuses qui lui préparèrent le passage du Rubicon, et la conquête de la République. Jusque-là César n'avoit point eû de confidens de son ambition, et tous ses généraux, tous ses guerriers conspirèrent alors avec lui pour la même cause.

,La position de Dumouriez étoit bien différente. Mal vû des républicains qui l'avoient aisément deviné, il ne pouvoit faire fonds sur une armée où ils dominoient par mille moyens, sur-tout lorsque la masse fort supérieure des milices nationales, dévouées à la cause républicaine, devoient incessamment *déroyaliser* la discipline et l'esprit des troupes de ligne bien moins nombreuses, et qui fondoient néanmoins toute l'espérance du général. Des revers éventuels auroient accéléré ce terme ; des succès même continus, ne pouvoient que le différer, et dès-lors Dumouriez combattoit plutôt pour la gloire, que pour la fortune. Il n'avoit donc plus qu'à se lancer dans les entreprises les plus hardies, pour ne pas dire téméraires. L'invasion de la Hollande étoit de ce dernier genre. (*) Sa force effective ne se montoit, dit-il, qu'à treize mille quatre cents combattants ; il ne pouvoit compter solidement que sur cent cavaliers du vingtième régiment, cinquante dragons du sixième, et trois bataillons Belges ; le reste mal armé, sans discipline, et une artillerie fort inférieure à la besogne,

____

(*) Tome II, Chapitre III, page 20.

C'est avec cette *force* qu'il s'aventure au milieu de plusieurs places de guerre, dont Bréda seul devoit l'anéantir, si Byland n'avoit pas perdu la tête ou l'honneur. Il réussit néanmoins, contre toute apparence, puisque de son aveu il y avoit dans Gertruydenberg et Bréda trois régimens de dragons plus forts que toute sa cavalerie, et assez d'infanterie pour les soutenir : il ajoute même que ces troupes se joignant avec la cavalerie de Bois-le-Duc et de Hensden suffisoient pour faire échouer l'expédition.

(*) C'est *entre toutes ces places* qu'il vouloit, dit-il, *se glisser pour aller s'embarquer sur-le-champ au Moerdick*, passage très-hasardeux en hyver, qu'il ne pouvoit brusquer qu'avec des moyens maritimes qui lui manquoient, et dont le retardement le livroit à tous les obstacles qu'il étoit facile aux Hollandais de lui susciter. Le second projet de passage par Gestruydenberg étoit au moins fondé sur les secours de marine qu'il y trouva ; mais le succès tenoit toujours, d'une part, vers Aix-la-Chapelle et Cologne, à la sûreté des quartiers dont la disposition donnoit trop de prise au prince de Cobourg, et de l'autre à l'occupation de Maestricht dont la défense vigoureuse laissoit aux Autrichiens et aux Prussiens tous le temps nécessaire pour forcer la ligne, et rejetter

____

(*) Tome II, Chapitre III, page 25 et suiv.

tous nos quartiers au-delà de la Meuse et jusqu'à Louvain. C'est ce qui arriva , malgré les nouveaux points de résistance que le génie fécond du général croyoit pouvoir encore leur opposer.

La retraite de Hollande étoit devenue indispensable , et il ne devoit pas même persister à conserver Bréda et Gertruydenberg , en abandonnant l'artillerie et les garnisons au risque de sièges qui ne pouvoient plus retarder long - temps les aggresseurs.

On doit le dire : Dumouriez , dans ses projets savans mais trop vastes , ne consultoit pas assez ses forces ni la connoissance qu'il avoit de la nature de ses troupes , et des vues particulières de ses généraux , ou de la mesure de leurs talens.

(*) Nous en avons une nouvelle preuve dans ses dispositions pour la bataille de Neerwinde. Rien de plus imposant que l'idée de ces colonnes s'ébranlant à-la-fois , et passant la rivière dans le plus grand ordre , pour attaquer l'ennemi sur tous les points et dans tous les postes de sa ligne. Mais comment un seul homme peut-il diriger et soutenir tant de parties différentes d'attaque ? Comment remédiera-t-il au désordre de celles qu'il ne voit pas , et dont les nouvelles sont long-temps

***

(*) Tome II, Chapitre VI , page 58 et suiv.

à lui parvenir ? Pendant qu'on étoit victorieux au centre et à la droite, pendant que les fautes ou les désavantages y étoient heureusement réparés par la présence et l'activité du général, il ignoroit que la sixième et la septième colonne repoussées à Orsmaël, avoient repassé la Gette en désordre, et s'étoient repliées à deux lieues de leur champ de bataille, jusques derrière Tirlemont. Son centre prêtoit le flanc, sans qu'il le sût, à une attaque très-dangereuse de l'ennemi qui, cependant n'en profita pas ; et la huitième colonne, non moins en l'air, et seule à l'extrêmité de la gauche dans le poste décisif de Léau, ne dut son salut qu'à la lenteur des Autrichiens et à une prompte retraite.

La cessation du feu de là gauche à deux heures après-midi, n'éclaira pas encore le général sur la situation de cette partie ; il l'interpréta à son avantage, et ce ne fut qu'à la fin du jour que la marche des troupes impériales, de leur droite à leur gauche, lui fit seulement soupçonner la retraite de Miranda, dont il n'acquit que fort tard la funeste certitude.

Les fautes ou la malveillance des généraux de la gauche ne justifieroient pas le général en chef : écoutons-le lui-même. (*)

(*) Tome II, page 62.

La bataille de Neerwinde......... eût été entiè-
rement gagnée, si le général Miranda, après le
premier désordre de ses deux colonnes, au lieu
d'ordonner la retraite, avoit bordé la Gette, et
conservé la position des ponts d'Orsmaël et de
Neerhelpen, qui le tenoit toujours en ligne avec sa
droite et sa gauche.

La bataille pouvant être gagnée sans que les deux colonnes hasardassent rien, et sans qu'elles quittassent cette position d'où elles contenoient efficacement la droite de l'ennemi, c'est là que Dumouriez devoit les clouer pendant le combat du reste de l'armée, que la défaite possible des deux colonnes exposoit à être culbuté par une attaque de flanc sur le centre découvert, et de là sur la droite. Dumouriez perdit beaucoup, et risqua plus encore, pour avoir trop entrepris ; sans se souvenir de cette maxime confirmée par tant d'expériences, que le Français est plus propre à des attaques de postes réduites, qu'à des attaques larges et prolongées ; sans se rappeler que le maréchal de Saxe qui nous connoissoit et nous menoit bien, crut assez faire à Lawfelt de forcer le centre et la gauche des Anglo-Autrichiens, et de contenir leur droite par une forte reserve qui resta, sans coup férir, avec Louis XV et sa maison, sur Grospaven et les hauteurs d'Hel-deren.

'Autant un succès favorable exalte le soldat français, autant un mauvais le décourage. La pusillanimité de la gauche se communiqua bientôt à toute la ligne, et enleva au général tout le fruit qu'il espéroit encore de son avantage partiel du 18 mars. Forcé par la situation des esprits de renoncer à l'offensive, il sut au moins concilier la dignité et la sûreté dans une défensive devenue nécessaire. Les dispositions de la retraite ne prouvent pas moins que les combats subséquens de Gotyen-Offen et de Louvain, la vigueur et la fécondité de ses ressources. Il se montra par-tout tel qu'à Gemmapes et à Tirlemont, et sans le suivre dans le détail de toutes ses opérations, on se contentera d'affirmer que peu d'autres histoires offriroient cinq ou six mois de campagne aussi brillans, aussi actifs et remplis de choses, que les six mois de son généralat.

(*) S'il fut avantureux en Hollande, il avoit montré autant de talent que de prudence dans le plan qu'il donna pour les quartiers d'hyver des quatre armées. La prise de Coblentz dont il avoit démontré la facilité, étoit bien plus raisonnable que le passage du Rhin par Custines, et sa pointe sur Francfort, dont le reflux nous a coûté la garnison qu'il y laissa, la reprise de Mayence et le siège de Landau. Coblentz eût été comme le

---

(*) Tome Ier., Chapitre XII.

centre de nos quartiers , depuis Cleves par Cologne et Andernach , jusqu'à Landau par Mayence et Spire ; non pas sans doute sur une ligne trop maigre dans son étendue, et assez foible pour inviter les entreprises de l'ennemi, mais par de gros cantonnemens, à portée de se rassembler avec promptitude, et d'arriver vivement en masse par-tout où il auroit voulu tenter le passage. C'est en distribuant nos quartiers d'hyver d'après ce plan , avec des dispositions marquées, mais purement ostensibles et en différents endroits , pour le passage du fleuve, que nous pouvions, il a quelques mois , entretenir la terreur parmi tous les princes qui le bordent , et forcer par eux l'Empereur à la paix. Nous nous serions épargné sur les deux rives des revers qui ajournent malheureusement nos négociations, jusqu'à ce que la sagesse des mesures du Directoire exécutif, et les talens des deux généraux nous mettent en état de les reprendre.

La tactique de la guerre n'est pas celle de la politique et du cabinet; celle-ci veut des mesures plus froides, plus patientes, et Dumouriez eût été plus propre à dicter des conditions qu'à les obtenir. Mais, avec bien des genres d'esprit qu'on ne lui conteste pas, en lui accordant celui de la négociation, il ne devoit pas se flatter de réussir avec la Hollande , indépendamment de l'Angleterre qui la dominoit alors , ni avec l'Angleterre, soit au nom de la *Convention* qu'elle ne reconnoissoit pas, soit au sien qui ne pouvoit mettre de poids dans la balance qu'à proportion de son crédit sur l'armée qu'on détachoit de lui de jour en jour. D'ailleurs comment pouvoit-il s'imaginer que les Républicains lui abandonnassent la conduite d'une négociation qui devoit leur être suspecte, sur-tout en se faisant demander au ministre Lebrun par les réfugiés *constitutionnels* qui étoient à Londres? En supposant même l'assentiment des différentes factions du sénat et du ministère, que lui arrivoit-il de son ambassade en Angleterre? S'il échouoit, il étoit perdu en France ; s'il réussissoit, la jalousie fondée des Républicains ne le lui pardonnoit pas : ils auroient achevé de le ruiner dans l'esprit de l'armée, et il l'eût trouvé à son retour commandée par un autre général.

Sa négociation avec les Autrichiens n'étoit guères moins chimérique : il n'y auroit fait ni les affaires de la nation , ni les siennes, et l'Empereur n'eût ratifié que les conditions qui lui auroient convenu, sans se croire tenu à la reconnoissance , encore moins à la confiance envers un général *constitutionnel* , dont il attribuoit les nouvelles démarches beaucoup plus à un répentir tardif, qu'à un zèle bien chaud pour la cause des Rois. Le sacrifice même des commissaires de la *Convention* , que nous regardâmes en France comme une trahison , ne parut aux Autrichiens et à toute l'Europe, que la précaution subite d'un homme pressé par ses ennemis, donnnànt des fers pour ne pas en recevoir, plus occupé de sa sûreté que de celle des prisonniers *du Temple*, se préparant l'appui de la cour à laquelle il livroit les Sénateurs et le Ministre, (*) et qui pouvoit encore avoir ménagé la Belgique, autant par ses vues personnelles, que par des raisons de politique et d'humanité.

Ainsi, proscrit également par les émigrés & par la République, dédaigné de l'Empereur, repoussé par les Anglais mêmes, il ne restoit à Dumouriez que la conscience de ses motifs et l'impuissance de ses amis. Nous avons parlé franchement du général et de l'homme d'état; chacun jugera le citoyen d'après ses principes : voici ce que nous pensons de l'écrivain.

Quintilien a dit que César auroit disputé à Cicéron la palme du barreau, s'il s'y étoit livré exclusivement; *non alius ex nostris contrà Ciceronem nominaretur*; et qu'il y a dans ses commentaires tant de force et de mouvement, qu'il semble avoir écrit ses guerres du même esprit qu'il les a faites ; *eodem animo dixisse quo bellavit.* Nous osons dire que si Dumouriez se fut adonné particulièrement à la littérature, il y auroit rempli

---

(*) *Note de l'Auteur.* La violation du droit des gens est pour qui la commet une perfidie, et pour qui en profite une lâcheté.

üne place distinguée ; et que ses récits ne pré-
sentent pas moins de chaleur et de mouvement
que ceux de César, quoiqu'il lui cède dans cette
sorte délégance , qui tient à la précision et à la
correction du langage ; *mirá sermonis cujus pro-
priè studiosus fuit elegantiá.* Mais au défaut de ce
genre de perfection qui constitue l'auteur classique,
nous opposerons le pittoresque de son style , l'ori-
ginalité piquante de ses portraits (*) et l'intérêt
continu qu'il sait répandre sur les détails de sa
narration.

(*) *Note de l'Auteur.* Nous n'en garantissons pas toujours
la ressemblance quelquefois altérée ou chargée par l'esprit
de parti.